Study No.7

By: De Zarraga Lago, Dubiell, A.

Study No.7

2009 De Zarraga Lago, Dubiell, A.
978-0-557-24327-3

Estudio No.7

De Zarraga Lago, Dubiell, A.

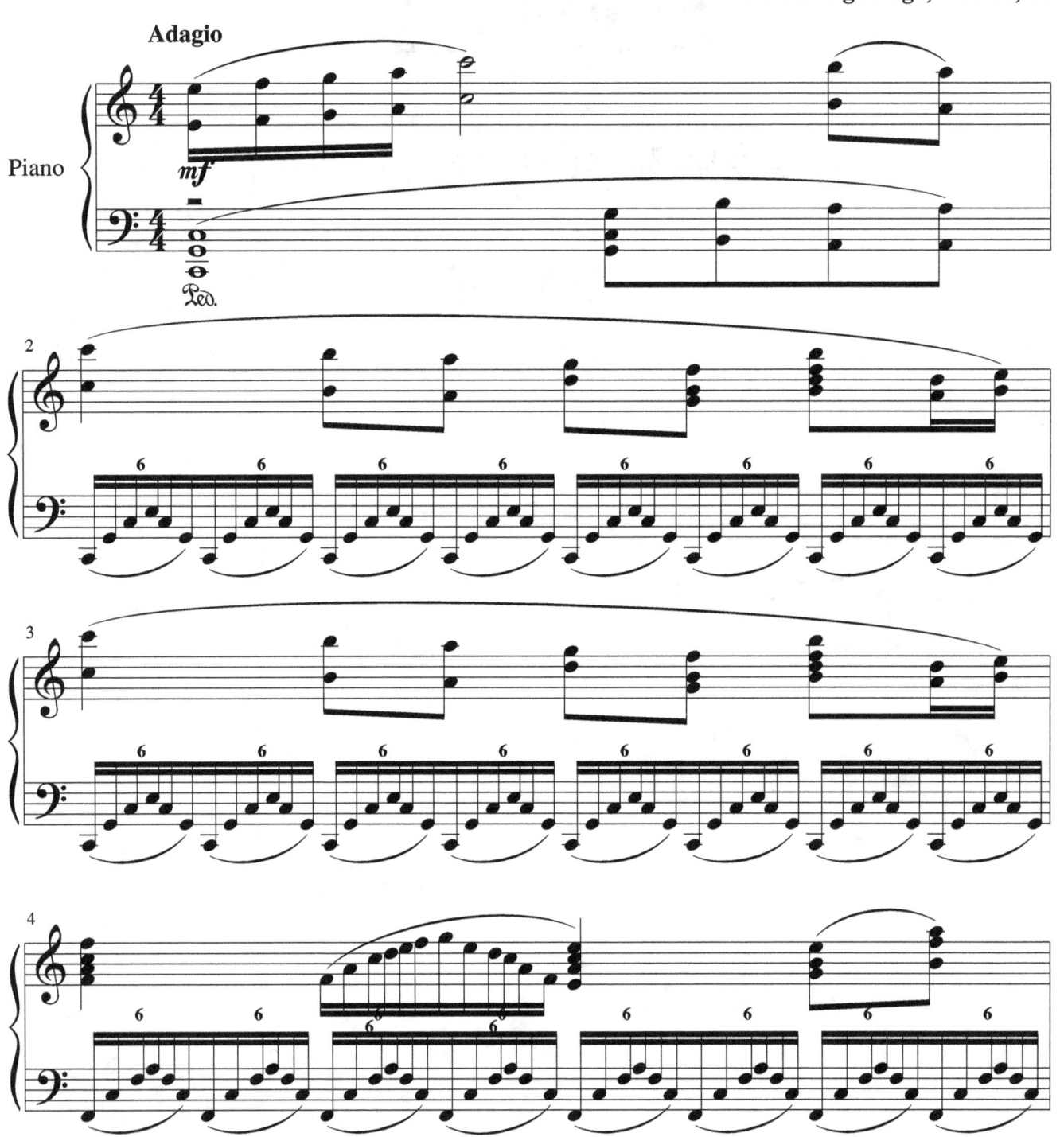

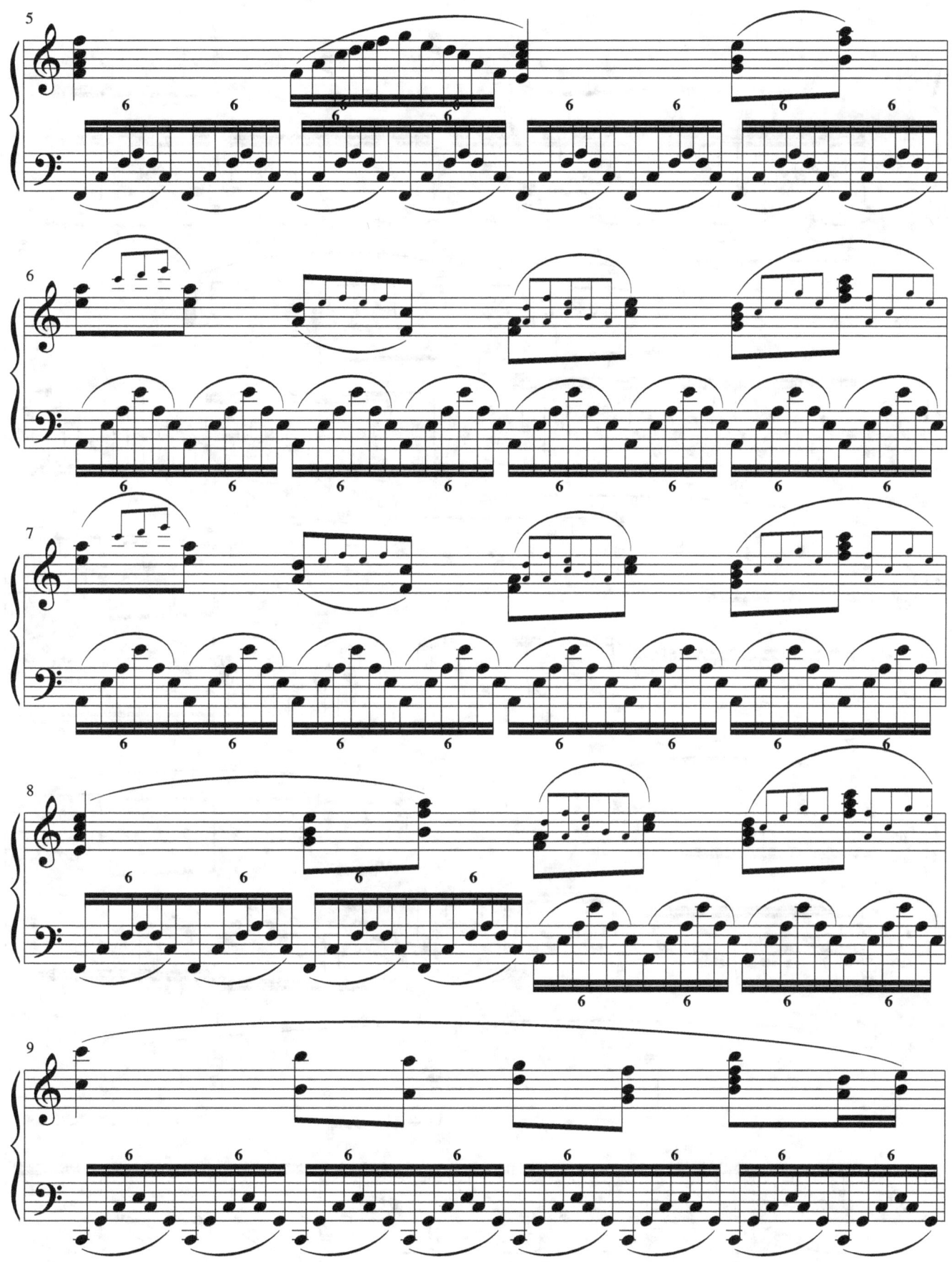

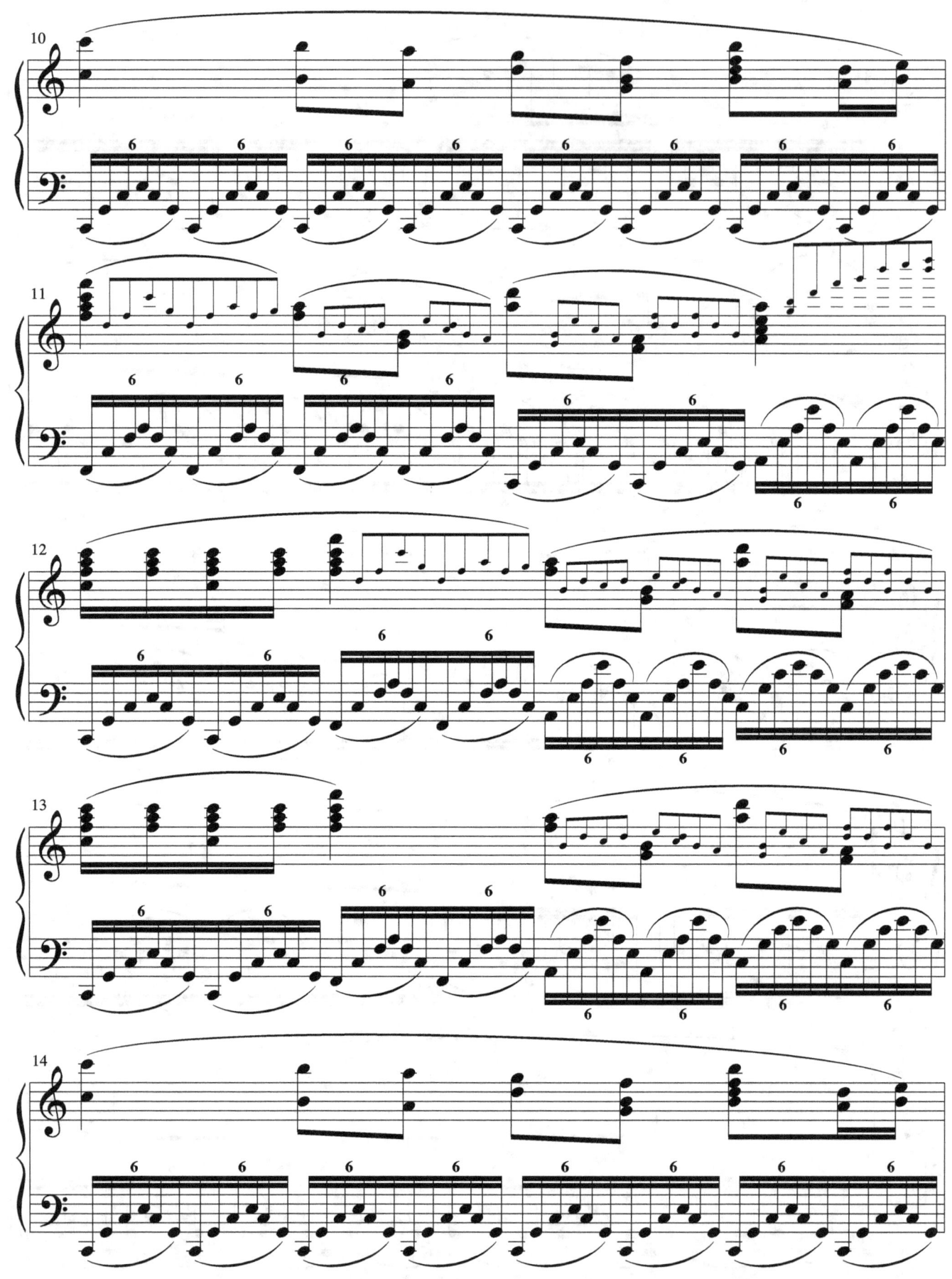

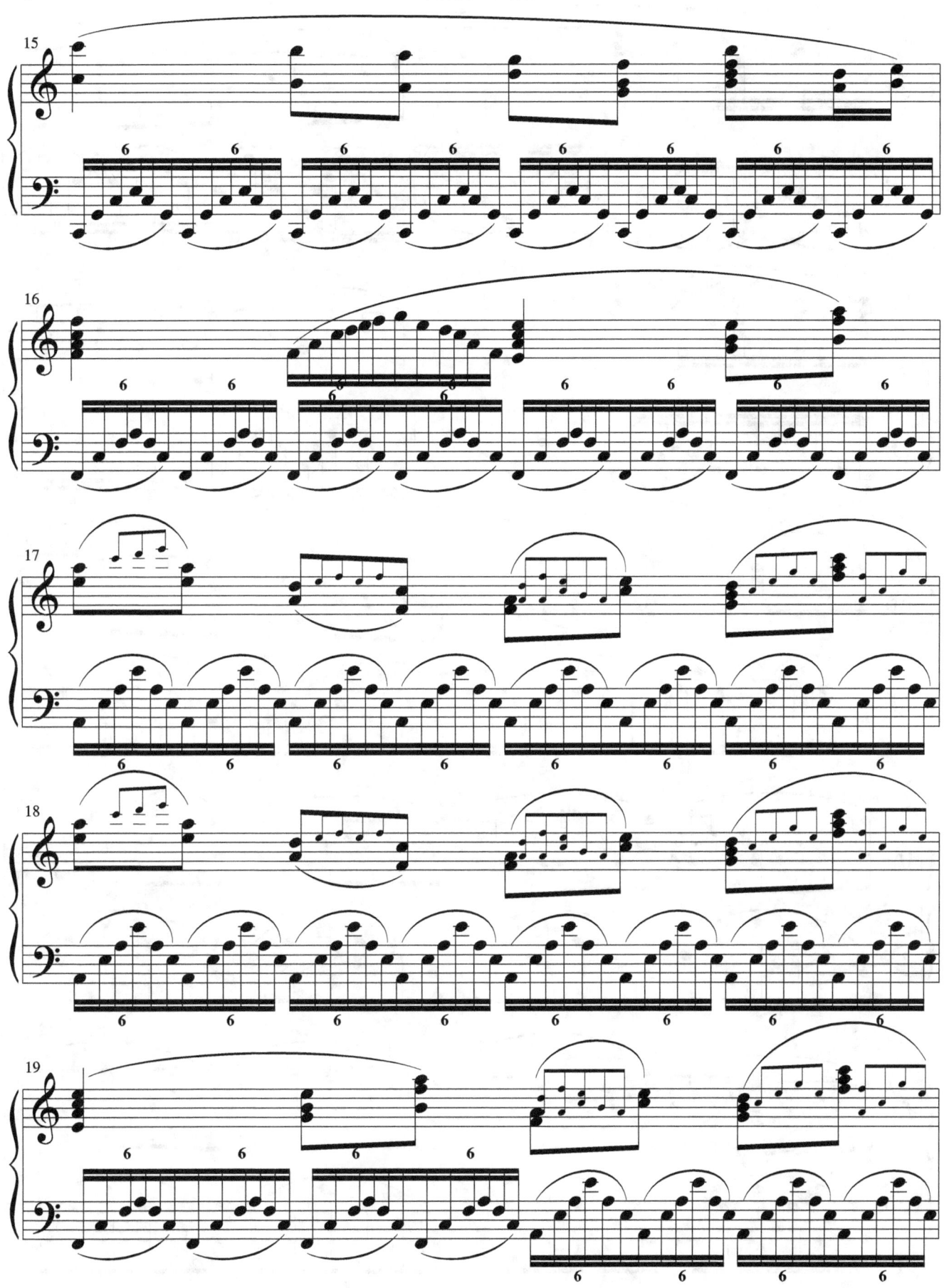

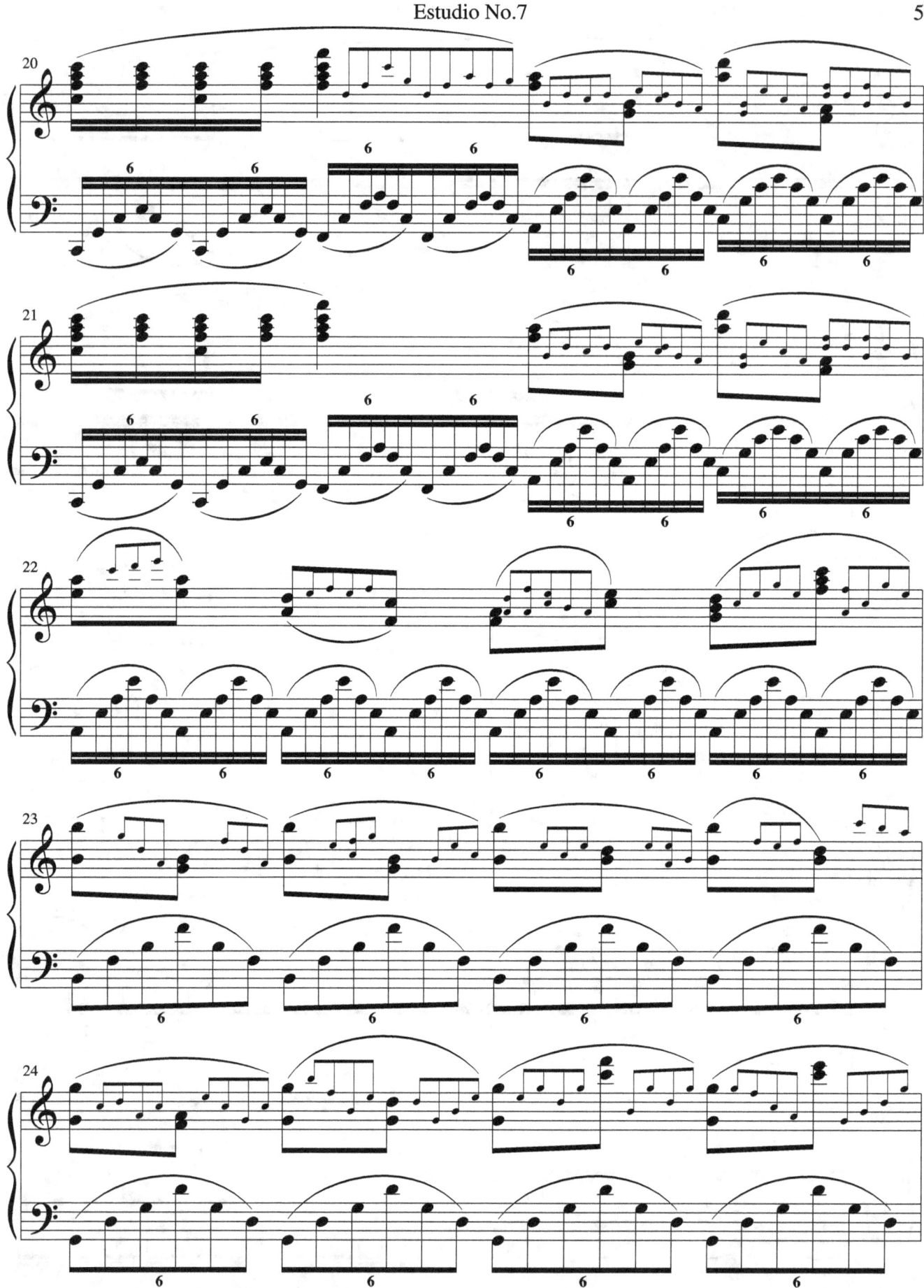

Estudio No.7

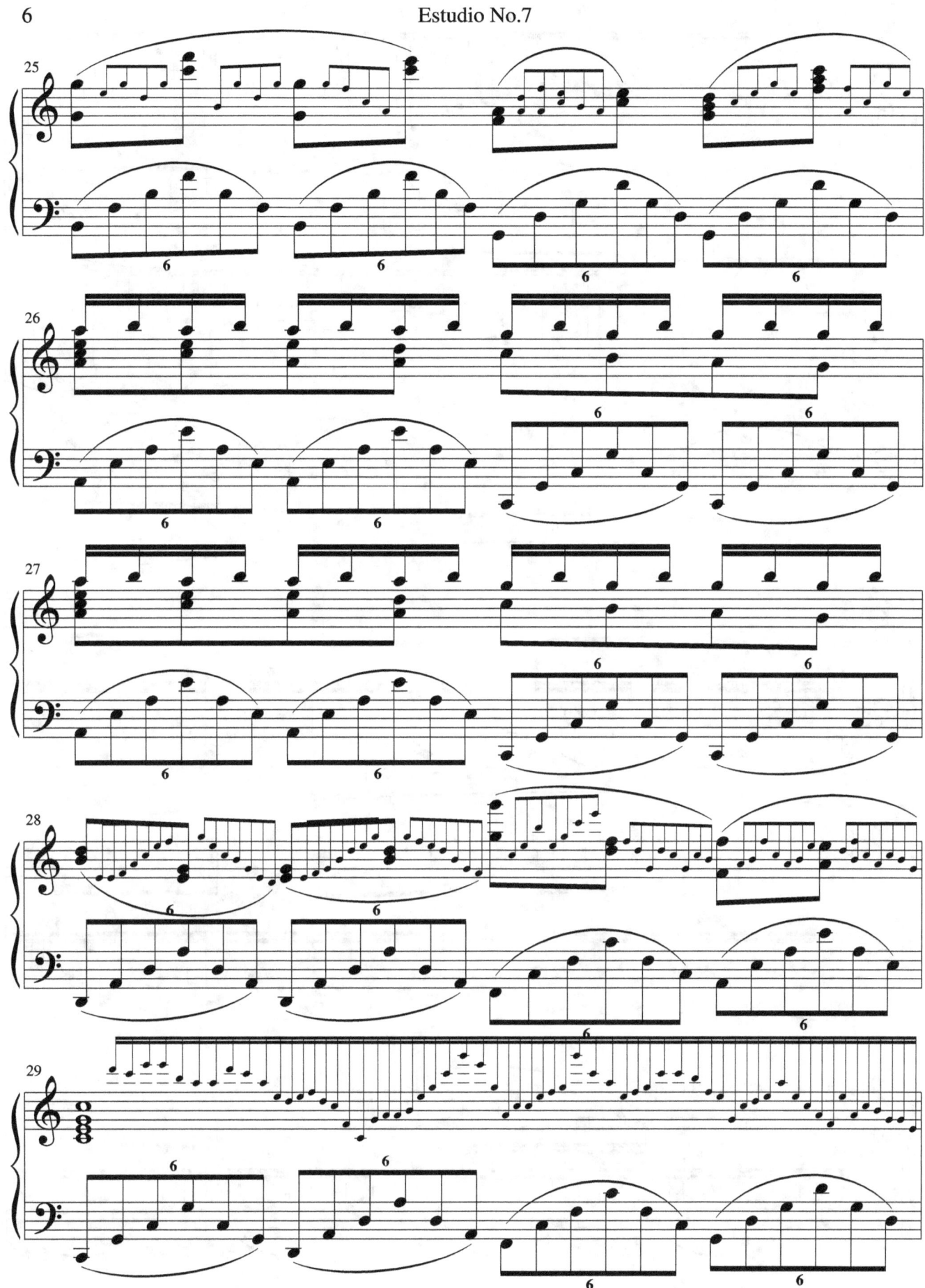

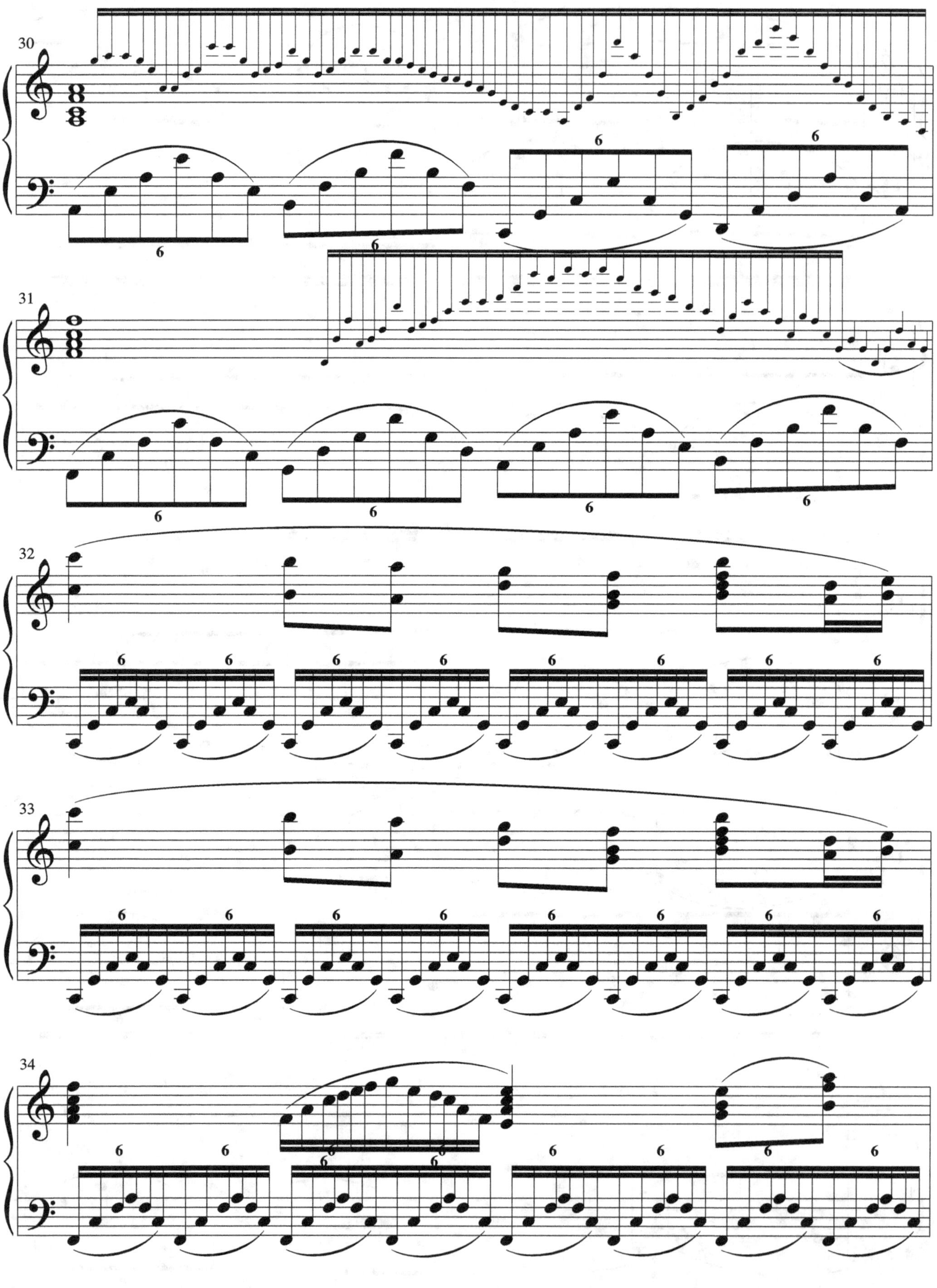

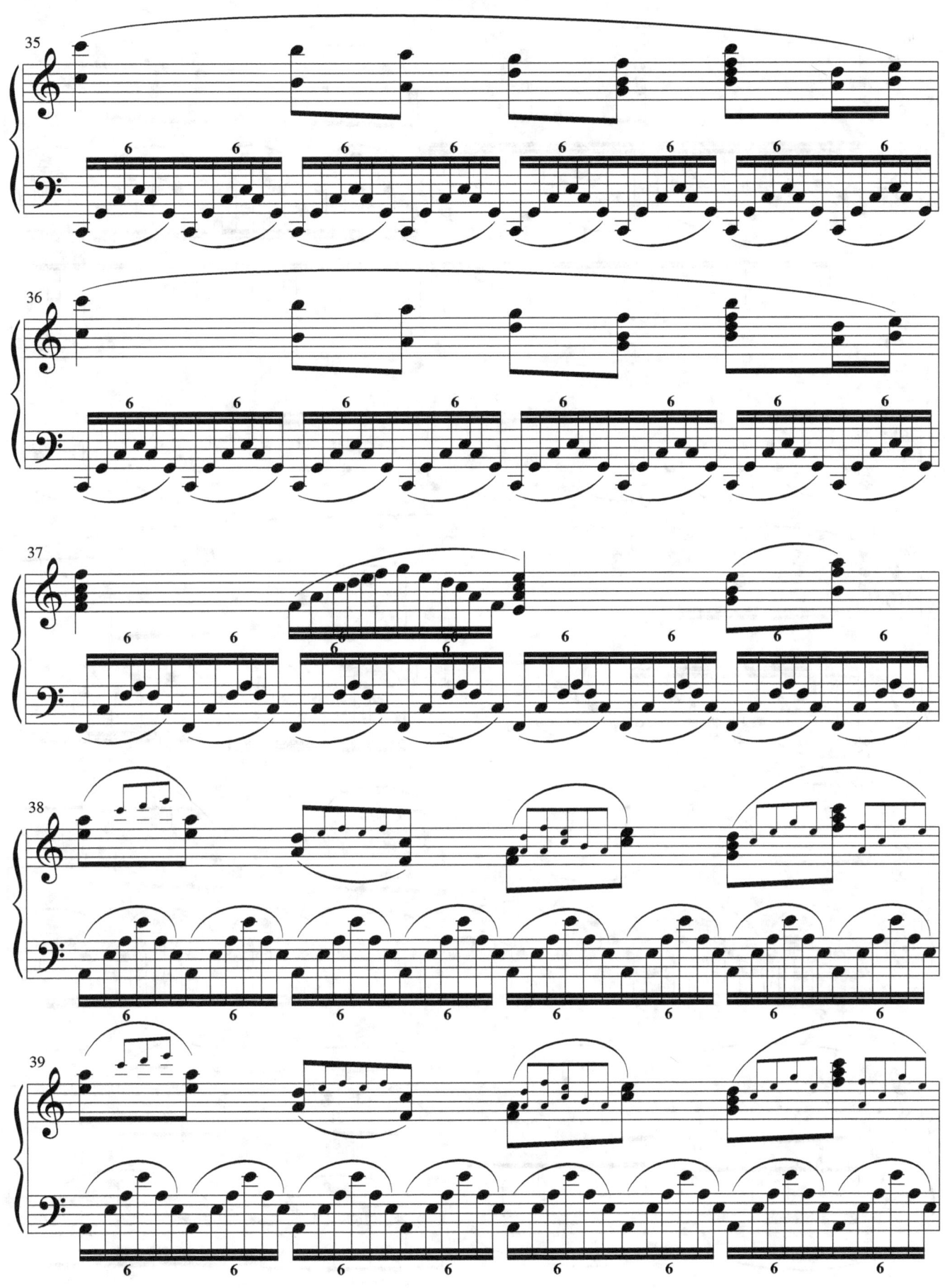

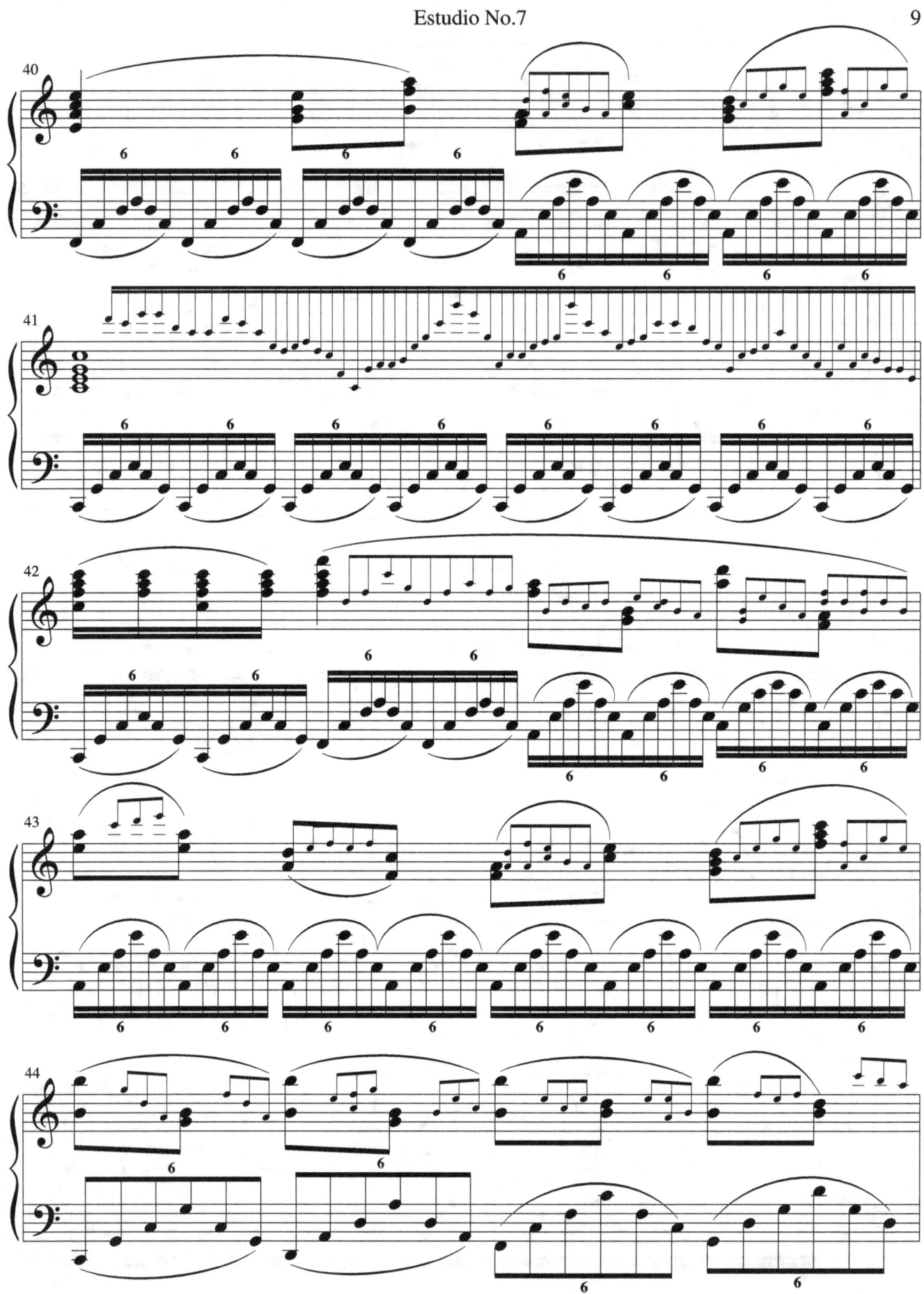

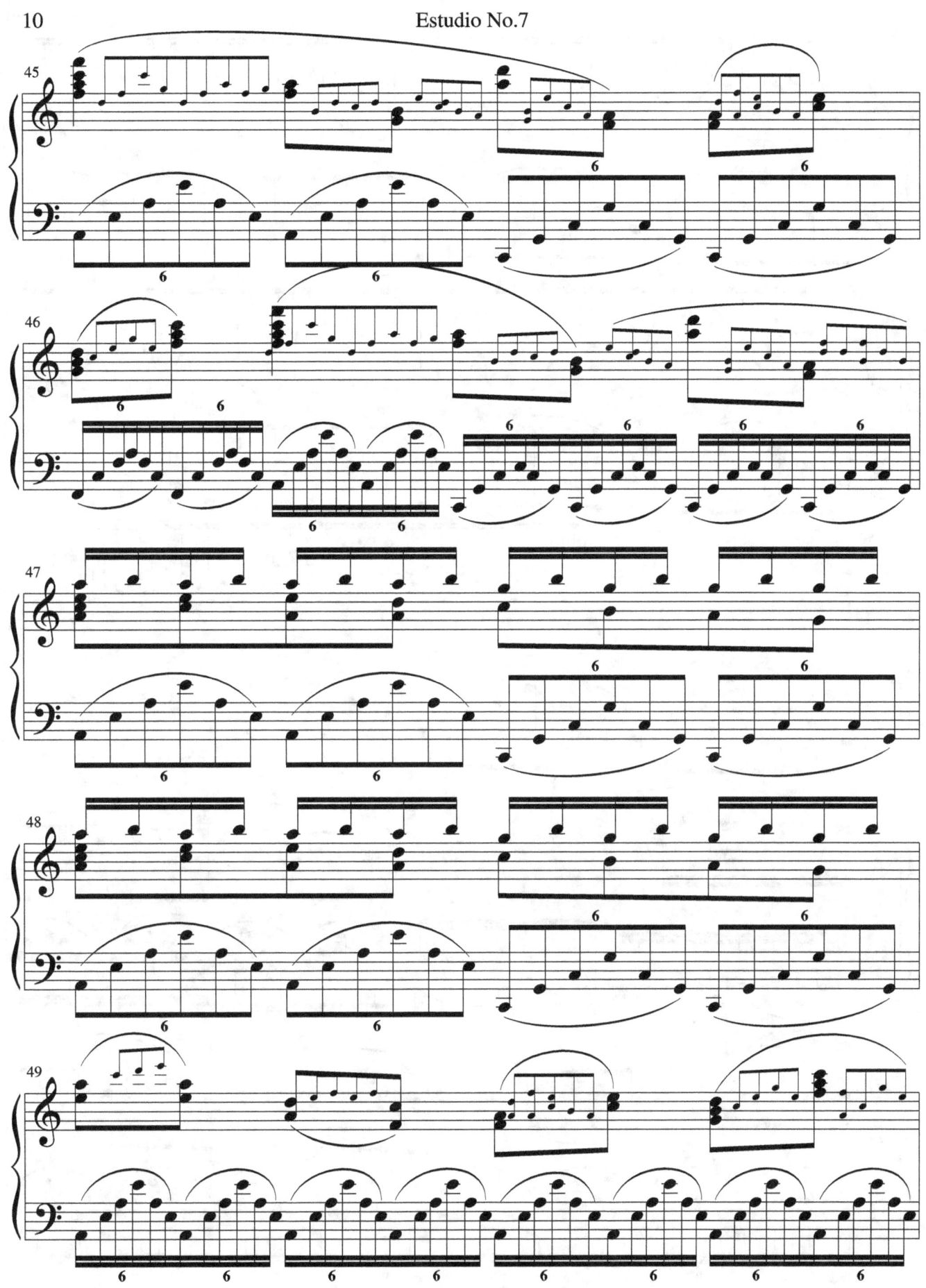

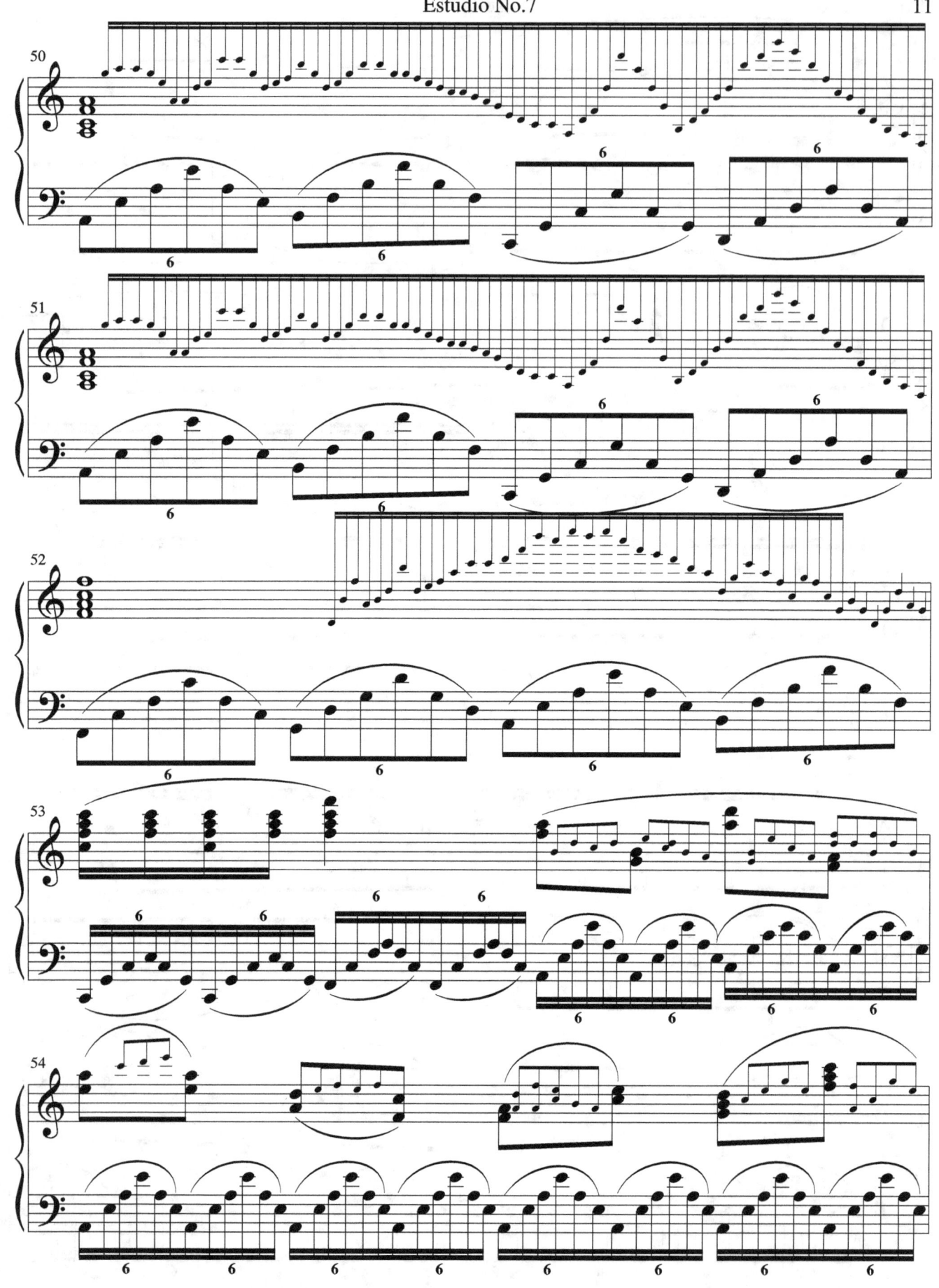

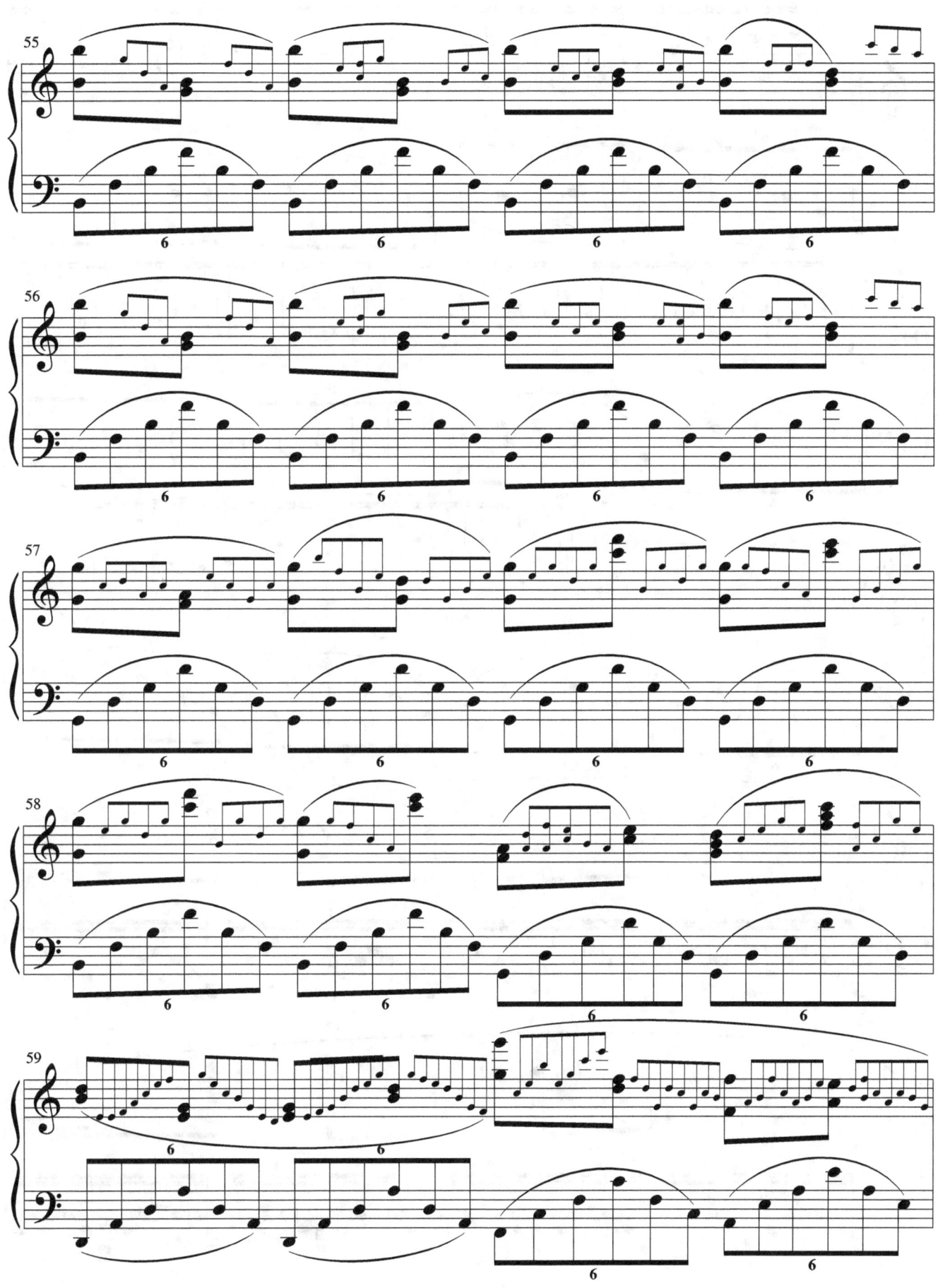

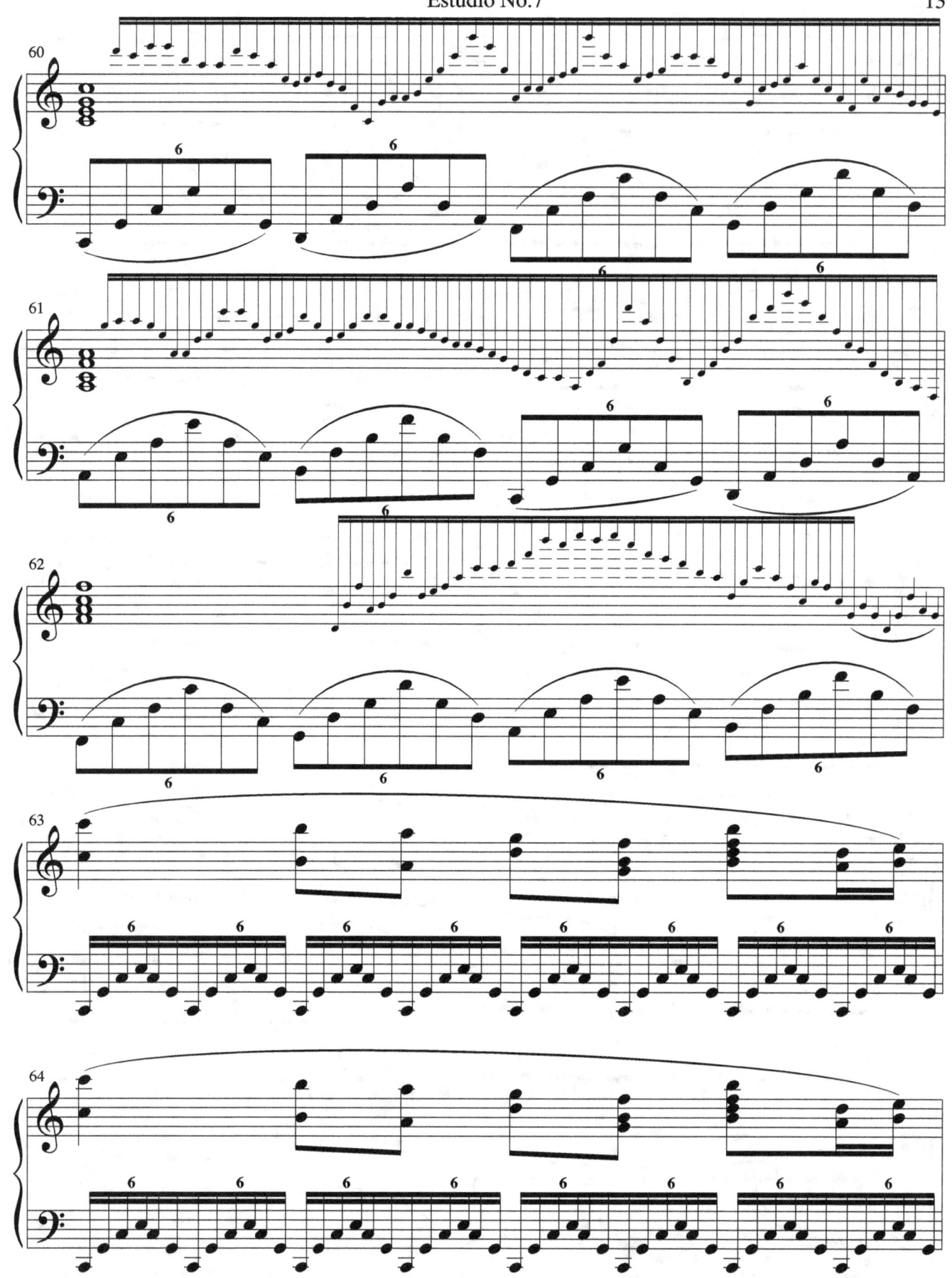

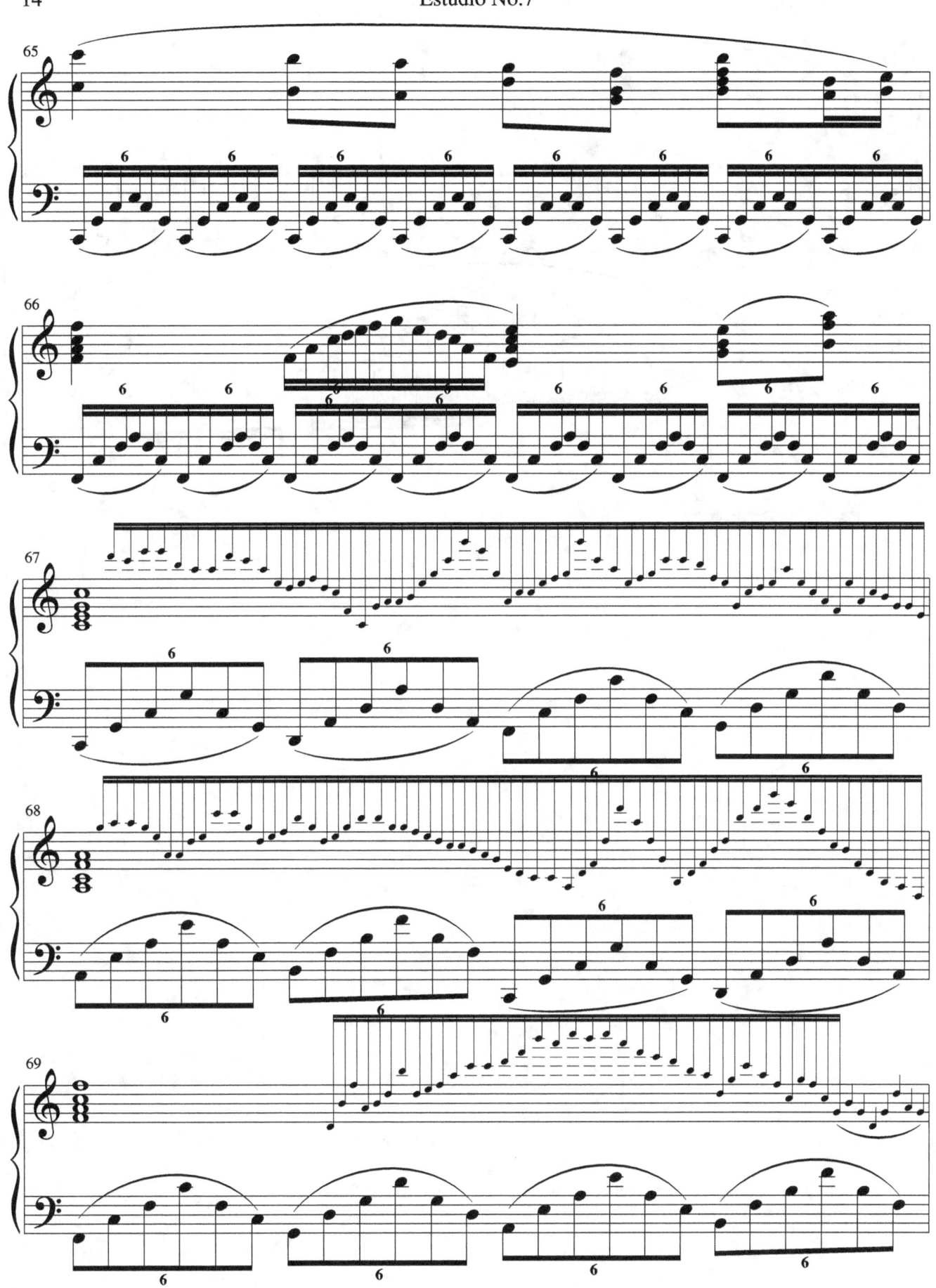

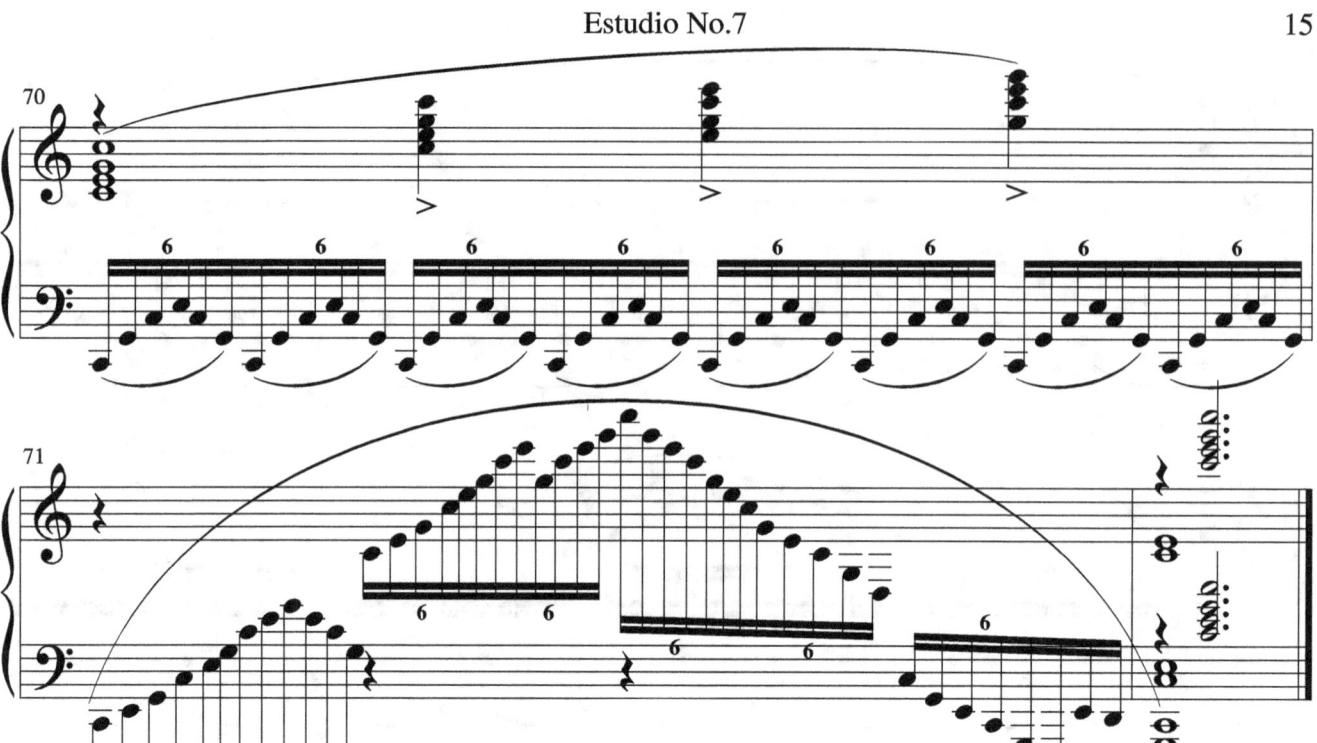

Other Works

Etudes

Etude No. 1
Etude No. 2
Etude No. 3
Etude No. 4
Etude No. 5
Etude No. 6
Etude No. 7
Etude No. 8
Etude No. 9
Etude No.10

Consolations

Consolation No.1
Consolation No.2
Consolation No.3
Consolation No.4
Consolation No.5
Consolation No.6
Consolation No.7
Consolation No.8
Consolation No.9
Consolation No.10
Consolation No.11
Consolation No.12
Consolation No.13

Rhapsodies

Rhapsody to the Moon
Rhapsody Alabaresque
Rhapsody in C Major

Concertos

Flute Concerto No.1
String Concerto No.1
String Concerto No.2
String Concerto No.3
Piano Concerto No.1

Preludes

www.lulu.com/dubiell

www.dezarragadubiell@yahoo.com

Notes

/

/

/